조물조물 내 손안의 우리 역사 ❶

1판 1쇄 발행 | 2014. 10. 17.
1판 10쇄 발행 | 2024. 10. 31.

구완회 글 | 이희은 그림

발행처 김영사 | **발행인** 박강휘
등록번호 제 406-2003-036호 | **등록일자** 1979. 5. 17.
주소 경기도 파주시 문발로 197(우-10881)
전화 마케팅부 031-955-3100 | **편집부** 031-955-3113~20 | **팩스** 031-955-3111
사진제공 국립중앙박물관

© 2014 구완회, 이희은
값은 표지에 있습니다.
ISBN 978-89-349-6914-3 74910
ISBN 978-89-349-6915-0 (세트)

좋은 독자가 좋은 책을 만듭니다. 김영사는 독자 여러분의 의견에 항상 귀 기울이고 있습니다.
전자우편 book@gimmyoung.com | 홈페이지 www.gimmyoung.com

이 도서의 국립중앙도서관 출판시도서목록(CIP)은 서지정보유통지원시스템 홈페이지(http://seoji.nl.go.kr)와 국가자료공동목록시스템(http://www.nl.go.kr/kolisnet)에서 이용하실 수 있습니다.(CIP제어번호: CIP2014028895)

|어린이제품 안전특별법에 의한 표시사항| 제품명 도서 제조년월일 2024년 10월 31일
제조사명 김영사 주소 10881 경기도 파주시 문발로 197 전화번호 031-955-3100 제조국명 대한민국
사용 연령 8세 이상 ⚠️주의 책 모서리에 찍히거나 책장에 베이지 않게 조심하세요.

조물조물 내 손안의 우리 역사 ①

구완회 글
이희은 그림

주니어김영사

머리말

신난다, 역사 타임머신!
재밌다, 조물조물 역사 활동!

안녕? 방가방가~ 《조물조물 내 손안의 우리 역사》에 온 것을 완전 환영해. 이제부터 여러분은 샘이랑 같이 신나는 역사 탐험을 떠나게 될 거야. 왜 신나냐고? '역사 타임머신'을 타고 떠날 거거든. 그러면 따분한 역사도 신나는 모험이 된단다. 거기다 조물조물 역사 활동까지 하다 보면 우리 역사가 진짜 재미있고 즐겁다는 걸 알게 될 거야.

우선 까마득한 옛날로 가 볼까? 구석기 시대 사람들이 코뿔소를 사냥하는 모습을 보러 말이야. 아니, 우리나라에 무슨 코뿔소가 있었냐고? 오호, 좋은 질문! 직접 가서 확인해 보자. 구석기 시대 사람들이 살던 동굴 집도 보고, 벽에 그린 그림 구경도 하고 말이야.

신석기 시대로 가서는 맨질맨질한 간석기 구경도 하고, 돌도끼

랑 돌창으로 사냥도 하고, 끝이 뾰족한 토기에 직접 문양도 그려 볼 거야. 청동기 시대 마을에서는 거대한 고인돌도 만들고, 번쩍번쩍 청동 거울에 청동 검도 휘둘러 볼 거고. 그런데 구석기, 신석기, 청동기가 무슨 뜻이냐고? 조금만 기다려. 이따가 샘이 그 시대로 가면서 자세히 설명해 줄 테니까.

단군 할아버지가 세운 고조선에서는 재판 구경을 할 거야. 그 옛날에 무슨 법이 있었냐고? 과연 그럴까? 이것도 직접 가서 확인해 보자고. 그리고 단군 신화에 나오는 낱말 퍼즐이랑 숨은 그림 찾기도 할 거니까, 기대해도 좋아.

자, 그럼 지금부터 신나고 즐거운 역사 탐험을 시작해 볼까?

구완회

차례

1장 구석기 시대

한국사, 돌과 함께 시~작 · 8

조물조물 역사 활동 · 16
1. 뗀석기 찾아 줄 긋기
2. 동굴 벽화 색칠하기

스티커로 꾸미는 구석기 마을 · 18

4장 고조선의 탄생

단군 할아버지, 나라를 세우다 · 44

조물조물 역사 활동 · 52
1. 단군 신화 카드 순서 정리하기
2. 단군 신화 속 숨은 그림 찾기
3. 단군 신화 그림 속 단어 넣기
4. 단군 신화 낱말 퍼즐 맞추기

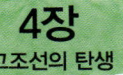

5장 고조선 사람들의 생활

고조선은 법대로! · 56

조물조물 역사 활동 · 64
1. 고조선 법에 따라 바른 판결 줄 긋기
2. 고조선 낱말 따라 쓰기
3. 고조선 비파 모양 청동 검 점 따라 그리기
4. 고조선 생활 속 다른 그림 찾기

2장 신석기 시대

뾰족뾰족 뗀석기에서 맨질맨질 간석기로 · 20

조물조물 역사 활동 · 28
1. 빗살무늬 토기 문양 그리기
2. 움집으로 가는 길 찾기

스티커로 꾸미는 신석기 마을 · 30

3장 청동기 시대

나는야 청동기 부족장 스타일 · 32

조물조물 역사 활동 · 40
1. 고인돌 만드는 순서 정하기
2. 청동기 부족장 장식 스티커 붙이기

스티커로 꾸미는 청동기 마을 · 42

6장 부여, 고구려, 옥저, 동예, 삼한

조물조물 역사 활동 · 76
1. 고조선을 이은 나라 이름 써 넣기
2. 고조선을 이은 나라별 특징 찾기
3. 고조선 소녀의 그림 일기 그리기

고조선을 이은 나라들 · 68

1장 구석기 시대
한국사, 돌과 함께 시~작

안녕? 우리는 지금부터 타임머신을 타고 우리나라 역사 여행을 다닐 거야. 어디 갈지는 아직 묻지 마. 그건 그렇고, 이게 뭘로 보여? 그래, 맞았어. 돌이야.

칼이나 망치가 없었던 아주 먼 옛날, 우리 조상들은 돌을 떼어 내서 도구를 만들어 썼어. 이렇게 만든 도구를 '뗀석기'라고 해. 돌을 떼니까 뗀석기, 기억하기 참 쉽지? 그런데 돌로 도구를 만들어 쓰기 시작한 게 언제냐면……, 놀라지 마. 지금부터 자그마치 70만 년 전! 까마득히 먼 옛날이지. 놀랍게도 그때 사람들이 쓰던 뗀석기들이 아직 남아 있단다.

뗀석기는 다른 말로 '구석기'라고도 해. 옛날 석기라는 뜻이야. 그리고 구석기를 사용하던 시대를 '구석기 시대'라고 부른단다. 우리 역사도 이때부터 시작하지.

부딪치면 뗀석기가 뚝딱!

뗀석기는 정말 만들기 쉬운 도구였어. 돌은 주변에 흔했으니까 재료 걱정을 할 필요가 없었고, 만드는 방법도 아주 쉬웠어. 돌과 돌을 부딪쳐 깨뜨리기만 하면 끝! 그중에서도 가장 쉽게 만들 수 있는 건 찍개였어. 큼직한 자갈돌의 한쪽 면만 떼어 내면 되었거든. 찍개는 여러 군데에 쓰였어. 사람들은 찍개로 거친 나무를 다듬거나 짐승의 뼈를 부러뜨리기도 했어.

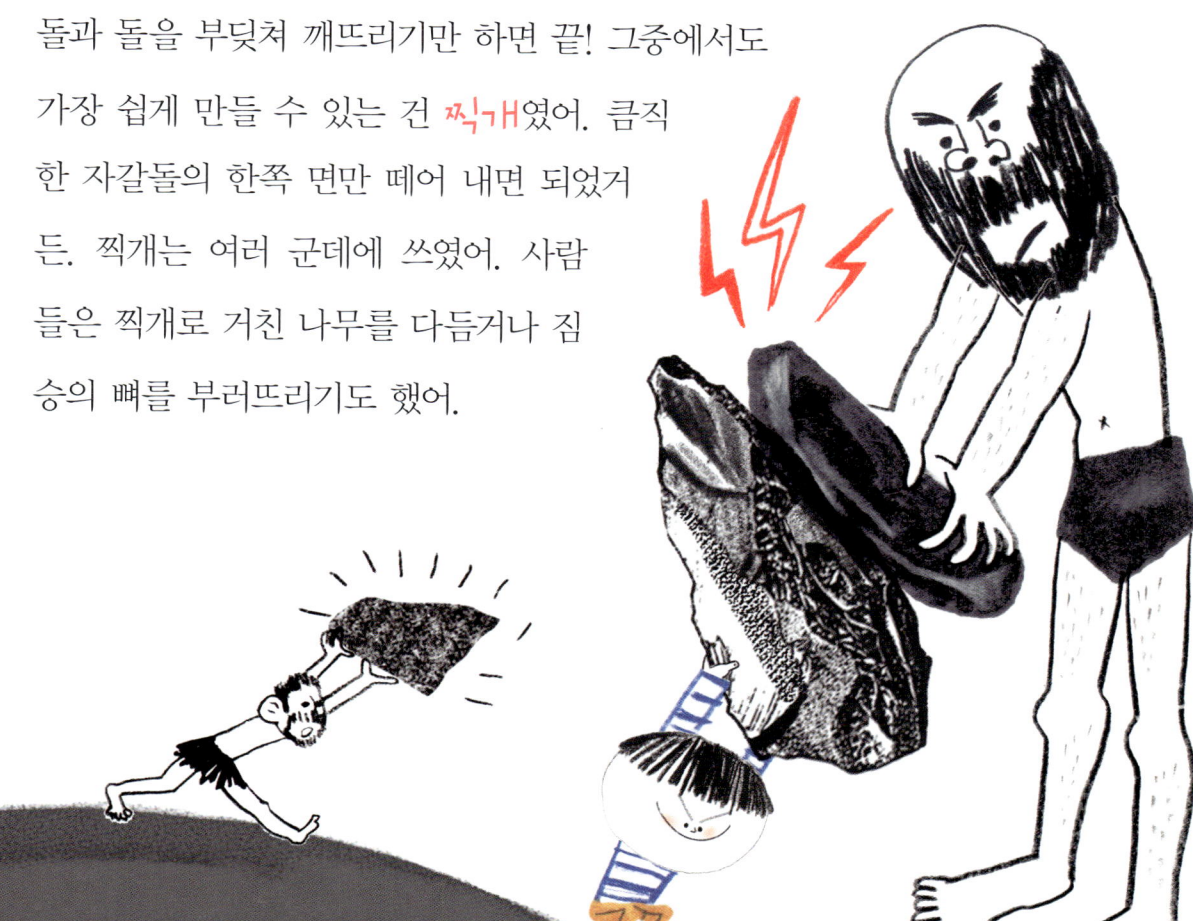

　찍개보다 훨씬 쓸모가 많았던 주먹도끼는 만들기가 조금 더 어려웠어. 우선 돌 끝을 뾰족하게 만드는 게 쉽지 않았지. 거기다 양쪽 면을 모두 날카롭게 해야 했어. 그래도 일단 만들기만 하면 주먹도끼는 정말 만능이었어. 이것만 있으면 짐승을 사냥하는 것도, 가죽을 벗기는 것도, 고기를 자르는 것도 다 할 수 있거든.

　화살촉을 닮은 슴베찌르개는 훨씬 더 나중에 만들어져. 나무 막대기 끝에 매달아서 창처럼 썼을 거야. 이때 사람들이 주먹도끼나 슴베찌르개를 가지고 어떻게 사냥했는지 구경해 볼까?

뗀석기로 코뿔소를 잡아?

　여기는 수십만 년 전, 구석기 시대의 한반도야. 저기 바위 뒤로 사람들의 머리가 보이는군. 뭔가를 기다리고 있는 것 같아. 저기 좀 봐. 가까이 다가오는 게 보이니? 그래, 코뿔소란다. 어떻게 밀림에 사는 코뿔소가 우리나라에 살 수 있느냐고? 수십만 년 전에는 우리나라에도 코뿔소가 살았단다. 그것도 아주 많~이. 이때

는 우리나라가 밀림처럼 더웠거든.

깜짝 놀란 코뿔소가 도망치다가 구덩이에 빠져 버렸군. 사람들이 미리 구덩이를 파 놓고 그리로 코뿔소를 몰고 간 거로구나. 그런데 코뿔소가 구덩이에 빠지자마자 비명을 지르며 피를 흘려. 구덩이 안에 뾰족한 나무를 만들어 미리 박아 놓은 모양이야. 밖에선 사람들이 슴베찌르개를 들고 코뿔소를 마구 찌르네. 그렇게 한참이 지나니까 미친 듯 꽥꽥 소리를 지르던 코뿔소가 잠잠해졌어. 숨이 끊어졌나 봐. 이번에는 사람들이 코뿔소처럼 꽥꽥 소리를 지르며 좋아하는군.

주먹도끼를 든 사람들이 코뿔소의 가죽을 벗기기 시작했어. 꽤 능숙한 솜씨야. 마치 날카로운 칼을 가진 사람처럼 코뿔소의 가죽을 쓱쓱 잘도 벗겨내는걸? 어

찍개

주먹도끼

슴베찌르개

떤 사람은 벌써 고기를 자르기 시작했어. 자른 고기를 가죽에 싸더니 어깨에 둘러메고는 어디론가 걸어가. 우리도 따라가 보자.

구석기 시대의 따뜻한 동굴 집

한참을 따라가다 보니까 저 멀리 동굴이 보여. 그 앞에서 열매를 따던 사람들이 반갑게 손을 흔들어. 동굴 안에 있던 사람들도 나왔어. 서로 반갑게 인사를 하더니 사냥한 사람들이 고기를 꺼내 잘라. 아마 사람 수대로 고기를 나눌 모양이야.

구석기 시대 사람들은 이렇게 수십 명씩 동굴 집에서 살았어. 가끔 동굴을 발견하지 못하면 야외에서 막집을 짓고 살기도 했어. 막집은 나뭇잎과 가죽으로 지은 간단한 천막집이야. 남자들은 사냥을 다니고, 여자들은 동굴 집에서 아이를 키우면서 근처에서 나무 열매를 따거나 풀을 뜯었지. 사냥에 늘 성공하는 것은 아니어서, 평소에는 나무 열매나 풀을 음식으로 먹을 때가 더 많았단다. 이제 동굴 속을 좀 구경해 볼까?

바깥은 좀 쌀쌀했는데 동굴 안은 따뜻하네. 비바람이 몰아쳐도 동굴 속은 안전하겠는걸? 동굴 안쪽에는 모닥불이 타고 있어.

잡아온 고기를 불 위에 굽고 있는지 고소한 냄새가 나는군.

그러고 보면 불은 참 쓸모가 많아. 몸을 따뜻하게 하고 고기도 익혀 먹고, 사나운 짐승까지 쫓을 수 있으니까. 이제 사람들이 구운 고기를 신나게 뜯어 먹는구나. 맛있겠다!

뗀석기는 구석기, 구석기는 이동 생활

고기를 배불리 먹은 사람들이 모두 동굴 앞으로 모여들고 있어. 그러더니 저마다 도구와 먹다 남은 것, 아이들을 챙겨서는 줄지어 걸어가기 시작하네. 이사를 하는 건가 봐. 맞아, 동굴이 안전하고 좋아도 오래 머물 수는 없었어.

구석기 시대 사람들은 먹을거리를 찾아 자주 이사를 해야 했어. 주변의 나무 열매도, 맛있는 씨앗이나 풀도 모두 먹어 치웠거든. 그렇지만 다른 곳으로 옮겼다가 언젠가 이곳으로 다시 돌아올 거니까 아쉬워할 것 없어. 그때쯤이면 나무 열매랑 풀들이 또 자라 있을 거야.

사람들이 벌써 저 멀리 가고 있구나. 어떤 사람은 풀이나 나뭇잎을 엮어 만든 옷을 입고, 어떤 사람은 짐승의 가죽으로 만든 옷을 입고 있네. 지금도 아마존 정글 같은 곳에 가면 옷을 전혀 입지 않고 생활하는 원시부족들이 더러 있지만, 구석기 시대 사람들은 대부분 풀이나 나뭇잎, 가죽으로 옷을 만들어 입었단다.

사람들이 떠난 동굴에 한번 들어가 볼까? 동굴 벽에 뭔가 있는 것이 보이니? 아니, 저쪽에 말이야. 그래, 거기. 커다란 소랑 말이랑 사슴도 보이네. 우아, 무척 잘 그렸는걸? 예쁘게 색칠까지 해 놓았어.

이렇게 구석기 시대 사람들은 동굴에 벽화를 그렸단다. 왜 그랬을까? 사실 정확한 이유는 아무도 몰라. 이런 동물을 잘 사냥하기를 바라면서 그렸을 수도 있어. 아니면 이렇게 동물들을 그려 놓고 사냥 연습을 했을 수도 있지. 실제로 어떤 동굴 벽화에서는 창 자국 같은 게 발견되기도 했어.

어때? 인류의 역사가 시작된 구석기 시대에 사람들이 어떻게 살았는지 이제 조금 알겠지? 우리도 이 사람들처럼 동굴 속에서 한번 지내 볼까? 뭐? 화장실은 어디 있냐고? 이런, 화장실을 가려면 다시 타임머신을 타야 해. 아무래도 우리는 집으로 돌아가는 편이 낫겠구나.

조물조물 역사활동

1. 뗀석기 찾아 줄 긋기

구석기 소년 석봉이가 뗀석기를 만들려고 해. 어떻게 돌을 떼어 내야 찍개와 주먹도끼, 슴베찌르개를 만들 수 있을까? 또 그것들을 가지고 어떤 일을 할까? 각각 바르게 연결해 보자.

      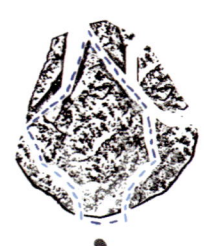

찍개   슴베찌르개   주먹도끼

2. 동굴 벽화 색칠하기

구석기 소녀 석순이가 엄마와 함께 동굴 벽화를 그리고 있어. 석순이를 도와서 동굴 벽화를 색칠해 보면서 비어 있는 생각 말풍선도 마음대로 채워 넣어 봐.

스티커로 꾸미는 구석기 마을

여기는 수십만 년 전 구석기 시대 마을이야. 알맞은 스티커를 붙여서 구석기 시대 마을 풍경을 완성해 볼까? 자세히 들여다보면 숨은 물건 네 개도 찾을 수 있을 거야.

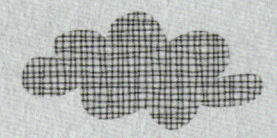

2장 신석기 시대

뾰족뾰족 뗀석기에서 맨질맨질 간석기로

맨 처음 돌을 갈아서 도구를 만들었던 사람은 누구였을까? 그게 누구였건 천재였음에 틀림없어. 지난번에 우리 땅에서 구석기 시대가 시작된 것이 약 70만 년 전이라고 했지? 그 뒤로 69만 년 동안 사람들은 계속 뗀석기만 만들었거든.

돌을 갈아서 도구를 만들기 시작한 것은 겨우 1만 년 전쯤의 일이야. 그러니 처음으로 돌을 갈아서 도구를 만든 사람은 스티브 잡스가 스마트폰을 만든 것보다 훨씬 더 대단한 일을 한 거야. 이렇게 돌을 갈아서 만든 도구를 '간석기'라고 불러. 간석기는 다른 말로 '신석기'라고도 해. 새로운 석기라는 뜻이지. 그리고 신석기를 썼던 시대를 '신석기 시대'라고 부른단다. 뾰족뾰족 뗀석기에서 맨질맨질 간석기로! 이제부터 우리 역사는 구석기 시대를 지나 신석기 시대로 접어든 거야.

맨질맨질 간석기는 다양해

간석기는 뗀석기에 비해 훨씬 다양하고 쓸모도 많았어. 구석기 시대에는 주먹도끼 하나로 나무도 찍어 내고 짐승도 사냥하고 고기도 잘랐어. 도구 하나로 여러 가지 일을 하니까 편하긴 했지만, 아무래도 모든 일을 다 잘하기는 힘들었지. 신석기 시대가 되면 **돌도끼**로 나무를 자르고, **돌창**으로 사냥을 하고, **돌칼**로 고기를 잘랐어. 용도에 맞게 다양한 도구를 사용하니까 이전보다 일을 훨씬 더 잘 할 수 있었단다.

그뿐이 아냐. 훨씬 더 정교한 돌 도구를 만들 수 있었어. 연필보다 가늘고 길게 바늘을 만들 정도였으니까. 돌바늘은 바느질할 때 쓰이는 것으로, 이 시대에는 벌써 실을 만들어 썼어. 하지만 돌로 바늘을 만드는 것은 쉬운 일이 아니었지. 그래서 사람들은 구석기 때부터 쓰던 뼈바늘을 더 많이 썼단다. 실을 만드는 돌

도구인 가락바퀴도 돌을 갈아서 만들었어. 신석기 시대 사람들은 이렇게 가락바퀴로 실도 만들고 돌바늘에 실을 꿰어서 가죽 옷도 꿰매고 그물도 기웠어. 그물에는 그물추를 매달아서 물고기를 잡기도 했는데, 그물추 역시 간석기야. 이렇게 신석기 시대 사람들은 다양한 간석기로 다양한 일을 했어.

신석기 신제품 출시

돌도끼 돌창 가락바퀴

돌칼 그물추

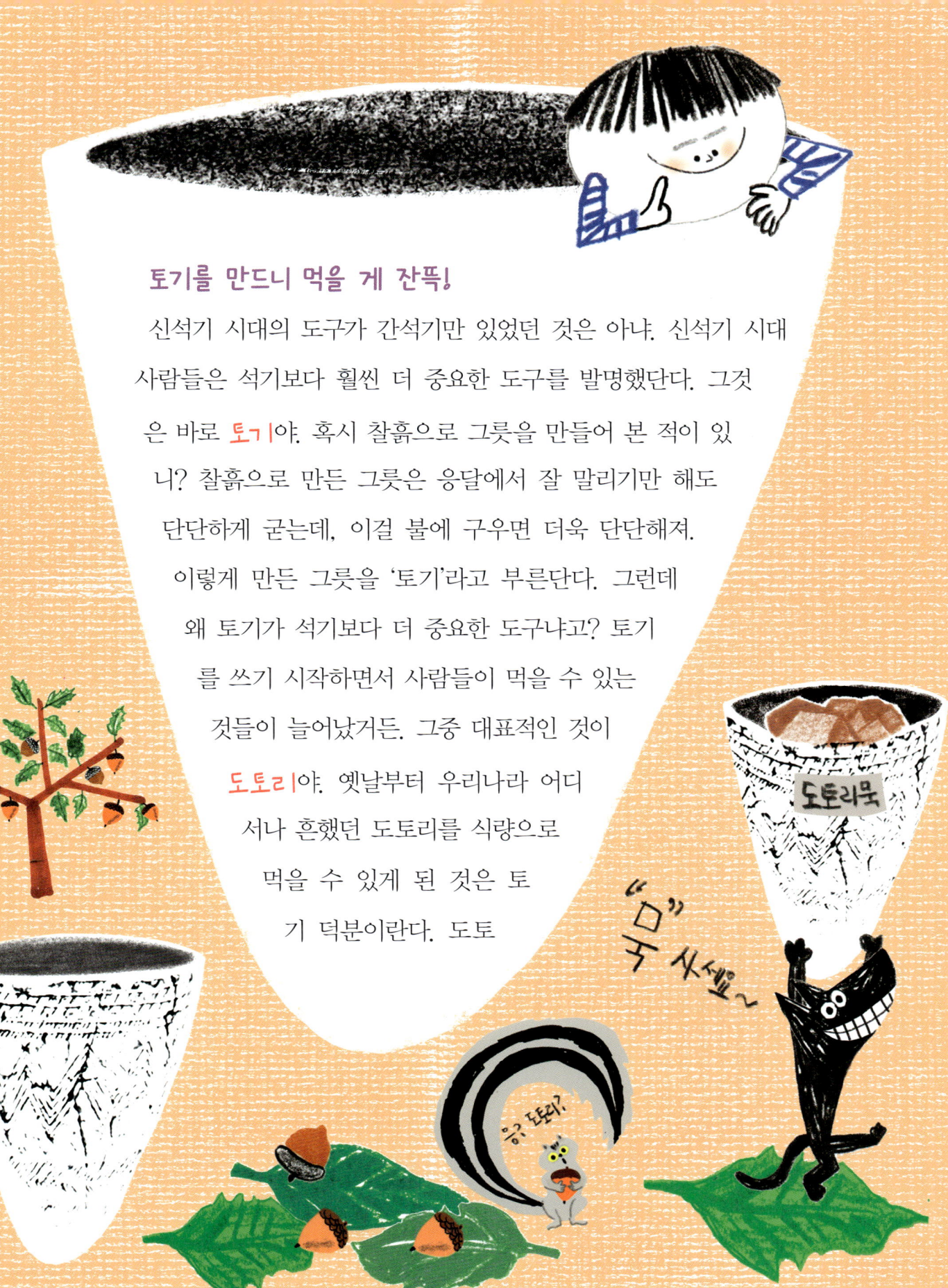

토기를 만드니 먹을 게 잔뜩!

신석기 시대의 도구가 간석기만 있었던 것은 아냐. 신석기 시대 사람들은 석기보다 훨씬 더 중요한 도구를 발명했단다. 그것은 바로 토기야. 혹시 찰흙으로 그릇을 만들어 본 적이 있니? 찰흙으로 만든 그릇은 응달에서 잘 말리기만 해도 단단하게 굳는데, 이걸 불에 구우면 더욱 단단해져. 이렇게 만든 그릇을 '토기'라고 부른단다. 그런데 왜 토기가 석기보다 더 중요한 도구냐고? 토기를 쓰기 시작하면서 사람들이 먹을 수 있는 것들이 늘어났거든. 그중 대표적인 것이 도토리야. 옛날부터 우리나라 어디서나 흔했던 도토리를 식량으로 먹을 수 있게 된 것은 토기 덕분이란다. 도토

리는 떫은 맛 때문에 그냥은 먹을 수 없지만, 돌로 갈아서 토기에 넣고 물을 부으면 도토리의 떫은 맛을 내는 '탄닌'이 물에 녹아. 이 물만 버리고 나면 도토리는 아주 맛있는 음식 재료가 되었단다. 지금도 같은 방식으로 도토리묵을 만들고 있어.

 또한 토기를 이용하면 음식을 삶아 먹을 수도 있고, 먹고 남은 식량을 토기에 담아 보관할 수도 있었어. 먹고 남은 식량이 있었다는 것은, 신석기 시대에 와서는 사람들이 먹고 남길 만큼 먹을거리가 풍부해졌다는 얘기야. 신석기 시대가 되면서 사람들은 농사를 짓기 시작했거든. 이제부터는 단순히 나무 열매나 씨앗을 따먹는 데서 한걸음 더 나아가 씨앗을 심고 거두기 시작한 거야.

농사로 이동 생활 끝!

농사를 짓기 시작하면서부터 사람들의 생활이 확 바뀌었어. 전에 구석기 시대 사람들은 자주 이사를 다녔다고 했지? 동굴 주변의 먹을 것이 떨어지면 다른 곳으로 옮겨야 했으니까 말이야. 그런데 농사를 짓기 시작하면서 사람들은 더 이상 옮겨 다니지 않아도 되었어. 농사를 지으면 해마다 곡식을 거둘 수 있거든. 또 구석기 시대처럼 사냥을 하거나 나무 열매를 따거나 물고기를 잡는 것도 계속했지만 동물들을 잡아 길들여 가축으로 기르기 시작했어. 이렇게 되니까 먹을 것을 찾아 이사를 다니지 않아도 일 년 내내 한 자리에서 먹고사는 것이 가능해졌단다. 구석기 시대의 이동 생활이 신석기 시대에는 정착 생활로 서서히 바뀌게 된 거야.

이렇게 한 곳에 머물러 살게 되니까 사람들이 점차 모여서 마을을 이루게 되었어. 농사를 지으려면 사람들이 많이 필요했거든. 농사뿐 아니라 그물로 고기를 잡고 가축도 길러야 했으니 더욱 많은 사람들이 필요했지. 이렇게 많은 사람들이 모여 살아야 하는데, 동굴은 턱없이 비좁았어. 그래서 사람들은 집을 짓기 시작했단다. 물론 지금처럼 벽돌이나 시멘트가 아니라 풀과 나무를 엮어서 만든 **움집**이었어. 그럼 신석기 시대의 움집을 구경하러 암사동 선사 유적지로 출발해 볼까?

신석기 시대의 움집

서울 암사동 선사 유적지는 한강 바로 옆에 있어. 신석기 시대 마을은 이렇게 큰 강을 끼고 들어선 곳이 많아. 이 시대에는 농사만큼 고기잡이도 중요했으니까. 움집은 식물의 줄기를 말린 짚으로 만들었는데, 한쪽에 작은 출입구를 냈어. 여러 채의 움집 모형들 중에는 안으로 들어가 볼 수 있는 것도 있네. 안은 밖에서 보는 것보다 훨씬 널찍해. 구덩이처럼 땅을 깊이 팠기 때문에 천정도 꽤 높아. 움집을 만들 때는 바닥을 둥근 모양으로 얼마쯤 파고 그 구덩이 바깥쪽에 기대어 나무 기둥을 세운 후에 짚으로 덮었어. 이러면 땅을 파낸 옆면이 벽이 되어서 자연스럽게 바깥바람을 막을 수 있지. 지붕 중앙에는 구멍을 만들어 두었어.

움집 가운데에는 불을 붙인 화덕이 있어. 그 주위에는 가죽옷을 입은 신석기 시대 사람들도 보여. 한쪽에는 곡식을 담아 놓은 토기도 보이는군. 그런데 토기 바닥이 평평하지 않고 뾰족해. 옆

면에는 빗살 모양으로 선이 그어져 있고 말이야. 이게 바로 우리나라 신석기 시대를 대표하는 토기인 **빗살무늬 토기**야. 토기 바깥면에 머리빗 같은 무늬가 새겨져 있어서 붙은 이름이지. 이렇게 빗살무늬를 그려 넣으면 굽는 과정에서 금이 가거나 깨지지 않았대. 그런데 빗살무늬 토기의 바닥은 왜 뾰족한 걸까? 여러분은 왜 그렇게 만들었다고 생각해? 정답이 아니어도 상관없어. 상상해 보면 역사가 더욱 재미있어질 테니까 말이야.

불탄 도토리

움집

빗살무늬 토기

조물조물 역사활동

1. 빗살무늬 토기 문양 그리기

신석기 소년 새돌이가 빗살무늬 토기를 만들고 있어. 하지만 토기에 문양을 어떻게 그려 넣어야 하는지 헷갈리는 모양이야. 우리가 토기 주변의 여러 문양 중 빗살무늬 토기의 문양을 찾아 완성해 볼까?

2. 움집으로 가는 길 찾기

신석기 소녀 새순이가 움집으로 가는 길을 잃어버렸어. 새순이에게 움집으로 가는 길을 찾아 줄까? 중간에 있는 신석기 시대 유물들을 발견해 따라가다 보면 길을 찾기 쉬울 거야.

스티커로 꾸미는 신석기 마을

여기는 수천 년 전 신석기 시대 마을이야. 알맞은 스티커를 붙여서 신석기 시대 마을 풍경을 완성해 볼까? 마을을 두루 살펴보다 보면 숨어 있는 물건을 다섯 개나 찾을 수 있을 거야.

3장
청동기 시대

나는야 청동기
부족장 스타일

신석기 시대가 시작되고 수천 년이 흐른 뒤, 토기를 굽던 사람들은 아주 놀라운 것을 발견했어. 그것은 아주 뜨거운 불이 돌까지 녹인다는 사실이었지. 모든 돌이 불에 잘 녹는 것은 아니었어. 돌 중에서도 노랗게 빛나는 돌이 특히 불에 잘 녹았지. 사람들은 그걸 '구리'라고 불렀어. 불에 녹아 흘러내린 구리는 흘러내린 모습 그대로 단단하게 굳었어.

사람들은 생각했지. 불에 녹지 않는 흙으로 미리 모양 틀을 만들어 놓고 거기다 구리 녹인 물을 부으면 어떨까? 이렇게 하면 간석기보다 훨씬 편리하게 원하는 도구를 만들 수 있지 않을까? 하지만 구리로 만든 도구는 너무 물렀어. 그런데 구리 녹인 것에 다른 돌 녹은 걸 섞으니 아주 단단해지는 거야. 그것은 '주석'이라는 금속이었어. 사람들은 그 섞인 물질을 '청동'이라 이름 지었지. 자, 드디어 '청동기 시대'가 시작된 거야.

단군과 헤라클레스는 같은 시대 영웅?

그리스 로마 신화에 나오는 천하장사 헤라클레스를 아니? 헤라클레스는 맨손으로 싸우기도 하지만 칼과 방패를 가지면 더욱 잘 싸울 수 있었지. 그런데 왜 난데없이 헤라클레스냐고? 헤라클레스가 썼던 칼과 방패가 모두 청동으로 만든 것이었거든. 그러니까 헤라클레스는 청동기 시대의 영웅이었다는 말씀! 우리나라 청동기를 대표하는 영웅은 바로 단군 할아버지야. 단군이 우리 역사 최초의 나라인 고조선을 세운 때가 청동기 시대였거든.

그런데 생각해 봐. 돌이야 어디서나 쉽게 구할 수 있는 것이지만 청동은 아무나 손에 넣을 수 없었어. 우선 구리와 주석 같은 금속을 구해야 했고, 그것들을 아주 높은 온도로 녹여야 했으니까. 그러니 청동으로 도구를 만들었다는 것은 예전에 비해 기술이 엄청 발달했다는 뜻이야. 이 시대에는 청동을 만드는 기술뿐 아니라 집 짓는 기술, 농사짓는 기술, 가축 기르는 기술, 물고기 잡는 기술 등이 모두 전보다 발달했지. 이렇게 기술이 발달하니 사람이 사는 모습도 변하게 되었단다. 그럼 다시 한 번 역사 타임머신을 타고 청동기 시대 마을로 구경을 떠나 볼까? 지금부터 약 3000년 전, 청동기 시대가 시작할 무렵으로 말이야.

다 같이 돌자, 청동기 마을 한바퀴

부웅~ 삐옹삐옹~~ 드디어 도착! 여기는 청동기 시대의 마을이야. 지난번에 보았던 신석기 시대 마을이랑 무엇이 달라졌을까? 우선 집의 모양이 달라졌어. 신석기 시대의 움집은 바닥이 둥근 원뿔 모양이었는데, 청동기 시대의 집은 바닥이 직사각형이네. 또 땅도 신석기 시대만큼 깊이 파지 않았어. 이것 역시 집 짓는 기술이 발전했기 때문이야.

저기 농사를 짓는 사람들을 봐. 청동기 시대인데도 농사를 짓는 도구는 여전히 돌로 만들어졌어. 왜 그럴까? 청동 물품은 뗀석기나 간석기처럼 누구나 만들 수 있는 물건이 아니어서 귀했어. 대부분의 사람들은 청동기 시대에도 여전히 석기를 사용했단다. 농기구도 거의 다 돌로 만든 것이었어. 그렇다고 신석기 시대의 간석기랑 똑같다고 생각하면 안 돼. 청동기 시대에는 간석기 만드는 기술도 더욱 발전했거든.

땅을 파고 일구는 따비, 돌삽, 돌보습, 괭이 뿐 아니라 곡식을 수확하는 돌낫과 반달 모양 돌칼까지 종류가 다양했지. 이렇게 농기구가 발달했으니 농사 또한 발전했어. 신석기 시대까지만 해도 농사만 지어서는 먹고살기 힘들었는데, 청동기 시대가 되어서는 농사만으로도 넉넉히 먹고살 만해진 거야.

돌보습

돌낫

반달 모양 돌칼

고인돌 만들기 대작전

저기 마을 뒤편으로 사람들이 모여 있는 것이 보이지? 돌로 만든 제단이 있고 그 뒤에 제물로 바치는 동물이 있어. 제사를 지내는 모양이야. 부족장도 보이네. 청동 창을 들고 가슴에는 청동 거울을 달고서 말이야. 청동 거울이 햇빛을 받아 번쩍이는 것이 꼭 가슴에서 광선을 쏘는 것 같아. 청동으로 만든 거울은 얼굴을 비추는 거울이 아니라 멋진 장신구였어. 이런 장신구를 단 부족장은 다른 사람보다 더욱 뛰어난 사람처럼 보였지. 청동기 시대에는 부족장을 중심으로 사람들이 모여서 하늘에 제사를 지냈어. 그러니까 부족장은 대장이 되어 사람들을 이끌고 제사를 지내는 제사장의 역할도 했던 거야.

부족장이 서 있는 제단에서 좀 떨어진 곳에 무지 큰 돌로 만든 탁자 같은 것이 보이지? 이게 바로 '고

인돌'이야. 돌을 아래 고여서 만들었다는 뜻이지. 지금도 우리나라 곳곳에 고인돌이 많이 남아 있어. 우리나라는 세계에서 고인돌이 가장 많이 발견된 나라여서 '고인돌의 나라'라고도 해.

  청동기 시대에는 부족장같이 지위가 높거나 중요한 사람이 죽으면 고인돌 아래에 묻었어. 그러니까 고인돌은 청동기 시대의 무덤인 거야. 그런데 이 거대한 고인돌을 어떻게 만들 수 있었을까? 설명해 줄게. 우선 산에서 커다란 덮개돌을 떼어 낸 다음, 돌 아래에 나무 기둥을 두고 바퀴처럼 이용해서 마을로 옮겼어. 그리고 땅을 어느 정도 판 다음에 받침돌을 세우고, 그 위로 흙을 덮은 후에 아까 옮겨 온 덮개돌을 끌어올렸지. 그리고 흙을 치우기만 하면 거대한 고인돌 완성! 잘 모르겠다고? 아래에 있는 그림을 보면 쉬울 거야.

사람 위에 사람 있다!

아까 부족장같이 중요한 사람이 죽었을 때 고인돌을 세웠다고 했지? '중요한 사람'이 있다면 '별로 중요하지 않은 사람'도 있었겠네? 고인돌에 묻힌 사람이 중요한 사람이라면, 고인돌을 만들었던 수많은 사람들은 별로 중요하지 않은 사람들이었어. 중요한 사람은 별로 중요하지 않은 사람들을 '다스리기' 시작했지. 신석기 시대까지는 마을 사람들 모두가 차별 없이 평등하게 살았지만, 청동기 시대에 들어오면서 사람이 사람을 다스리는 세상이 되었단다.

다스리는 사람은 점점 더 많은 사람들을 다스리기를 원했어. 그래야 식량도 많이 모으고, 가축도 많이 길러 재산도 늘리고 집도 크게 짓고, 더욱 크고 멋진 고인돌을 만들 수 있으니까. 그래서 다른 마을의 것을 빼앗아

왔어. 결국 청동기 시대에는 마을끼리 전쟁을 벌이기 시작했단다. 저기 칼싸움을 연습하는 것이 보이지? 이건 다른 마을과 싸움을 하기 위해 훈련하는 모습이야. 다른 마을 사람들이 공격할 때를 대비해서 마을 주위에는 나무 울타리를 쳐 놓았어. 울타리 중간에 초소를 세워서 감시도 하고 말이야. 전쟁에서 이긴 마을은 진 마을을 합해서 더욱 큰 마을이 되었지. 이긴 마을 사람들은 진 마을 사람들보다 '더 중요한' 사람들이 되었고. 이렇게 마을이 점점 커지면서 드디어 우리 역사 최초의 나라가 생겨나게 되었단다.

1. 고인돌 만드는 순서 정하기

여러분은 지금 청동기 시대 고인돌 건설 책임자가 되었어. 그렇다면 거대한 고인돌은 어떤 순서로 만들어야 할까? 작업할 순서대로 번호를 써 넣어 보자.

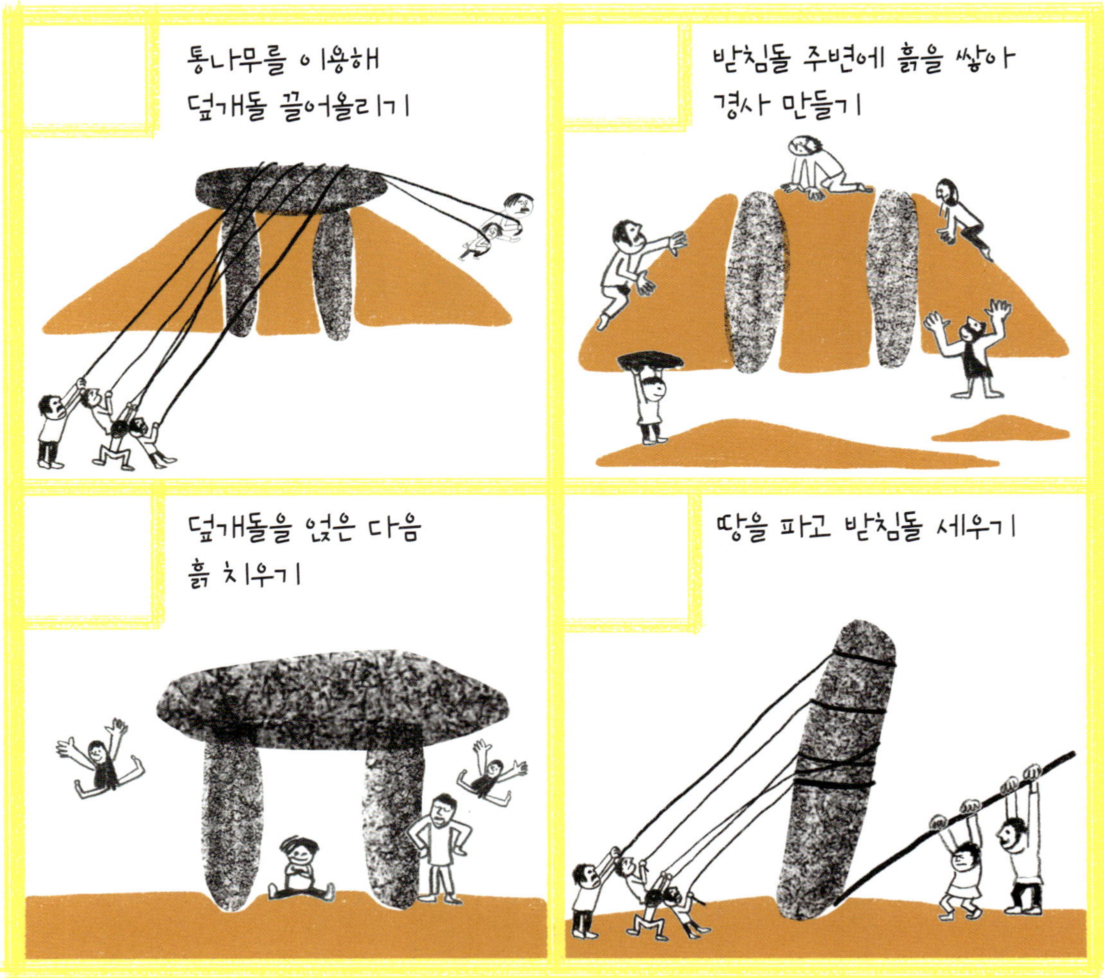

통나무를 이용해 덮개돌 끌어올리기	받침돌 주변에 흙을 쌓아 경사 만들기
덮개돌을 얹은 다음 흙 치우기	땅을 파고 받침돌 세우기

2. 청동기 부족장 장식 스티커 붙이기

청동기 시대의 부족장은 치장하는 모습이 화려해. 청동 검과 청동 거울뿐 아니라 각종 장신구들을 몸에 주렁주렁 달고 있었거든. 청동기 부족장의 장신구 스티커를 멋지게 붙여 줘.

스티커로 꾸미는 청동기 마을

여기는 청동기 시대 마을이야. 알맞은 스티커를 붙여서 청동기 시대 마을 풍경을 완성해 볼까? 이 시대에 물건이 아닌 것 네 가지도 함께 찾아봐!

4장 고조선의 탄생

단군 할아버지, 나라를 세우다

옛날 옛날 아주 까마득히 먼 옛날, 하느님의 아들 환웅이 하늘 나라에서 바라보니 인간이 사는 땅이 아주 좋아 보였어. 그래서 바람과 구름, 비를 다스리는 신하들이랑 함께 땅으로 내려왔어. 자신을 따르는 수천 명의 무리도 데려왔지. 그러고는 '널리 인간을 이롭게 한다'는 뜻을 품고 사람들을 다스리기 시작했단다.

그런데 하루는 곰과 호랑이가 환웅을 찾아와서 사람이 되고 싶다는 거야. 환웅은 "동굴 속에서 쑥과 마늘만 먹고 100일을 지내면 사람이 될 것이다!" 하고 말했지. 곰과 호랑이는 기뻐하며

쑥과 마늘을 가지고 의기양양하게 동굴로 들어갔어. 그런데 하루, 이틀…… 시간이 흐르면서 갑갑하고 배가 고파 점점 견디기 힘들어졌어. 결국 호랑이는 못 참고 동굴을 뛰쳐나가고 말았어. 끝까지 참아 낸 곰은 '웅녀'라는 아주 예쁜 여자가 되었고. 환웅은 이 여자와 혼인해서 잘생긴 사내아이를 낳고 '단군'이라고 이름을 지었단다. 훌륭하게 자라난 단군은 고조선이란 나라를 세웠어.

이게 바로 우리 역사에서 처음으로 나라를 세운 이야기인 '단군 신화'란다. 이미 알고 있는 이야기라고? 그럴지도 몰라. 매년 10월 3일이 단군이 고조선을 세운 것을 기념하는 '개천절'이니까 말이야.

단군 신화는 진짜? 가짜?

여기서 질문 하나! 단군 신화는 진짜일까, 꾸며 낸 이야기일까? 하늘에서 사람이 내려왔다니, 도저히 믿을 수 없는 이야기라고?

맞아. 하늘에서 사람이 내려오고 곰이 사람으로 변했다는 이야기를 그대로 믿기는 어렵지. 이런 건 사람들이 꾸며 낸 이야기일 거야. 하지만 단군 신화에는 그 옛날 진짜로 일어났던 일들도 있단다. 그걸 어떻게 알 수 있느냐고? 신화란 원래 있었던 사실에다 사람들의 상상력을 더해서 만든 이야기거든.

역사학자들은 단군 신화에 담긴 진짜 사건이 무엇인지 연구하고 증거를 찾으려고 노력했어. 그래서 단군 신화의 내용 가운데 진짜와 꾸며 낸 것을 가려냈지. 그러면 지금부터 꼼꼼히 살펴보기로 할까?

환웅은 하늘이 아니라 먼 곳에서 왔다!

먼저 환웅이 하느님의 아들이거나 하늘에서 내려왔을 리는 없어. 역사학자들은 환웅이 아주 먼 곳에서 이동해 왔을 거라고 생

각해. 거기서 자신이 다스리던 사람들을 이끌고서 말이지. 아마 자기가 살던 곳에서 살기가 힘들어졌을지도 몰라. 아무튼 환웅은 자기가 살던 곳을 떠나서 새로운 장소로 오게 된 거야. 그러고는 새로 만난 사람들에게 자신이 하늘에서 내려왔다고 이야기했을 거야. 하늘에서 온 하느님의 아들이라면 사람들을 다스리는 것이 당연했을 테니까 말이야. 하지만 "나는 하느님의 아들이다!"라고 말했다고 다른 사람들이 바로 믿을 리는 없어. 그렇다면 왜 사람들은 환웅이 하늘에서 왔다고 생각하게 되었을까?

힌트는 단군 신화 속에 있어. 환웅은 비, 바람, 구름을 다스리는 신하와 자신을 따르는 무리들을 데리고 왔다고 했지? 물론 환웅의 신하들이 정말로 비와 바람, 구름을 다스렸을 리는 없어. 이들은 언제 바람이 불고, 구름이 생기고, 비가 내리는지 잘 알고 있는 사람들이었을 거야. 한마디로 날씨의 변화를 미리 알아챌 수 있던 사람들인 거지. 이것을 본 사람들은 이들이 정말 비와 구름, 바람을 다스린다고 믿었고, 이들이 섬기는 환웅을 하늘에서 온 사람이라고 생각한 거야.

환웅의 신하들은 농사 전문가

비가 언제 올지 아는 것은 농사를 짓는 데 아주 중요했단다. 지금이야 비가 안 오면 저수지 물이나 지하수를 끌어 올려서 농사를 짓지만, 옛날에는 비가 내리기를 마냥 기다리는 수밖에는 없었으니까. 그러니까 바람과 구름, 비를 다스린다는 것은 언제 비가 내릴지 안다는 뜻이고, 이걸 알면 농사를 잘 지을 수 있는 거야. 한마디로 환웅의 신하들은 농사를 짓는 기술이 아주 뛰어난 사람들이라고 할 수 있지. 이런 농사 기술을 가지고 있었기 때문에 환웅은 사람들을 다스릴 수 있었던 거야.

이게 다가 아니었어. 단군 신화에 보면 환웅이 널리 세상을 이롭게 하려는 뜻을 품고 땅으로 내려왔다고 했는데, 그것을 네 글자로 줄여 '홍익인간'이라고 해. 이것은 자신과 데려온 자들만 잘 먹고 잘 살겠다는 것이 아니라, 원래 이 땅에 살고 있던 다른 부족들도 모두 잘 살게 한다는 의미야. 환웅의 말을 따라 농사를 지었더니 풍년이 들었다면 모든 사람들이 다 이득을 보는 것이니까. 이것이 바로 널리 세상을 이롭게 하는 일이 되는 셈이지. 어때? 이 정도면 환웅을 '하늘에서 내려온 하느님의 아들'이라고 믿을 만하지?

곰이 변해서 사람이 되었다고?

그럼 이제부터는 환웅의 아들인 단군 이야기를 해 볼까? 우선 곰과 호랑이 이야기 먼저. 곰과 호랑이가 사람이 되고 싶었다니, 동화 속에서나 있을 법한 이야기 같지? 그런데 이렇게 한번 생각해 보면 어떨까? 여기서 곰과 호랑이는 진짜 곰이나 호랑이가 아니라, 곰과 호랑이를 섬기는 부족 사람들이었다고 말이야. 아주 먼 옛날에는 부족마다 섬기는 동물이 있었거든. 지금도 외국의 시골 마을에 가면 뱀이나 곰, 독수리가 자기 마을을 지킨다고 믿고 있는 사람들이 있어. 이들은 마을 앞에 자신들이 섬기는 동물의 동상을 만들어 놓기도 해. 마치 우리 나라 시골 마을 입구에 장승들이 서 있는 것처럼 말이지.

그러니까 환웅을 찾아온 것은 곰과 호랑이가 아니라, 곰과 호랑이는 섬기는 부족 사람들이었다고 생각할 수 있어. 환웅과 같은 사

람이 되고 싶다는 것은 환웅과 친구가 되고 싶다는 뜻이지. 환웅이 쑥과 마늘을 주면서 동굴 속에서 100일을 지내라고 한 것은 뭔가 조건을 제시한 것이라고 볼 수 있어. 나랑 친구가 되려면 이 정도는 해야 한다는 식으로 말이야. 결국 곰을 섬기는 부족은 그 조건을 통과하고, 호랑이 부족은 실패한 거야. 그래서 환웅과 곰 부족은 손을 잡아서 새로운 나라를 세운 것이지. 그렇다면 단군은 누굴까? 아마도 환웅이 곰 부족의 여인과 결혼해서 낳은 아들이 아니었을까?

조물조물 역사활동

1. 단군 신화 카드 순서 정리하기

슬기는 선생님께서 주신 단군 신화 이야기 카드를 들고 가다 그만 바닥에 떨어뜨렸어. 다시 주웠지만 이미 순서는 헝클어져 버렸지. 이야기 카드를 순서대로 맞춰 보자.

환웅은 곰과 호랑이에게 마늘과 쑥을 먹으며 100일 동안 동굴 속에서 지내라고 했는데 호랑이는 참지 못하고 곰은 잘 참아 아름다운 여인이 되었다.

하느님의 아들 환웅은 바람과 구름, 비를 다스리는 신하뿐 아니라 자신을 따르는 무리와 함께 왔다.

환웅은 널리 인간을 이롭게 한다는 뜻을 품고 다스리기 시작했다.

어느 날 곰과 호랑이가 환웅을 찾아와 인간이 되고 싶다고 했다.

여인으로 변한 곰과 환웅이 결혼하고 단군을 낳았는데, 단군은 우리 역사상 최초의 나라인 고조선을 세웠다.

2. 단군 신화 속 숨은 그림 찾기

아래 그림은 단군 신화의 한 장면이야. 바로 환웅이 신하와 무리들을 이끌고 하늘에서 내려오는 장면이지. 여기에는 어떤 것들이 숨어 있을까? (모두 네 개야.)

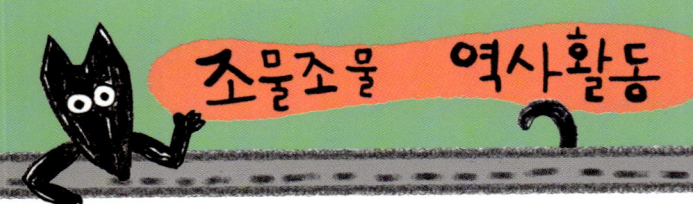

3. 단군 신화 그림 속 단어 넣기

다음은 단군 신화를 한눈에 알 수 있도록 정리한 그림이야. 빈칸에 알맞은 단어를 찾아 넣어 보자.

보기 - 환웅, 단군, 호랑이, 곰, 신하, 고조선

4. 단군 신화 낱말 퍼즐 맞추기

단군 신화에는 중요한 낱말들이 여러 개가 나와. 번호에 해당하는 낱말 풀이를 보고 거기에 맞는 단어를 써 넣어 볼까?

가로 열쇠

1. 그리스는 그리스 신화, 대한민국은 0000
3. 자매가 나오는 전래동화. 언니는 장0, 동생은 0련
5. 물건을 두는 큰 공간
7. 단군의 아버지
8. 곰과 함께 인간이 되고 싶어 한 동물
9. 환웅은 곰과 호랑이에게 쑥과 이것을 먹으라고 했음.
11. 간절히 구함.

세로 열쇠

2. 얼굴을 예쁘게 꾸미는 일
4. 널리 인간을 이롭게 함.
6. 단군이 세운 우리 역사 최초의 나라
7. 사람은 ○○○○, 자연은 사람보호
10. 나무에 늘어져 사는 동물
12. 환웅은 비, 바람, 00을 다스리는 신하를 데리고 왔지.

5장 고조선 사람들의 생활

고조선은 법대로!

"사람을 죽인 사람은? 죽일 것!"

"남을 다치게 한 사람은? 곡식으로 갚을 것!"

"도둑질을 한 사람은? 노비로 삼을 것! 만일 노비가 되지 않으려면 많은 돈을 낼 것!"

어때? 언뜻 보면 당연한 것 같기도 하고, 좀 무시무시하게 느껴지기도 하지? 이것들은 고조선의 법 내용이야. 원래 고조선에는 이것들 말고도 5개의 법이 더 있었대. 그래서 '8조법'이라고 부르지. 이것을 보면 고조선이 법으로 다스려지는 나라였다는 사실을 알 수 있어. 법에 따라 나라를 다스리는 것이 당연한 것 아니냐고? 그렇지 않아. 옛날에는 보통 법이 아니라 왕이 제 마음대로 나라를 다스렸거든. 법이 생겼다는 것은 그만큼 사회가 발전했다는 뜻이란다. 단군 할아버지가 법대로 다스린 고조선은 어떤 나라였을까?

멋지다, 비파 닮은 청동 검

자, 여기는 단군 할아버지가 고조선을 세우고 서울(수도)로 삼은 아사달이야. 저기 큰 집 앞에 사람들이 줄을 맞춰 걸어 가고 있네. 머리에 투구를 쓰고 손에 칼을 든 것을 보니 군인들인가 봐. 그런데 칼이 요즘 것과는 모양이 좀 달라. 색깔이 푸르스름한 것을 보니 청동으로 만든 칼인데, 아래는 좀 불룩하고 위로 갈수록 날씬해. 좀 날씬한 조롱박 모양이라고나 할까? 사람들은 이것을 **비파 모양 청동 검**이라고 불러. 비파는 조롱박을 닮은 중국 전통 악기야. '조롱박 모양 청동 검'보다 멋지게 들리지 않니?

고조선의 청동 검은 비파 모양이란 것 이외에 칼날과 손잡이가 분리된다는 게 특징이야. 그 당시 다른 지역의 청동 검들은 칼날과 손잡이가 하나로 붙어 있었거든. 비파 모양 청동 검의 손잡이

에는 섬세한 선으로 아름다운 문양이 새겨져 있어. 또 비파 모양 칼날의 중간이 뾰족하게 돋아나 있어서 찔렀을 때 상대에게 더 깊은 상처를 입혔어.

이번에는 고조선 군인들의 옷차림을 볼까? 조선 시대 사람들처럼 갑옷 속에 저고리와 바지를 입고 머리에 상투를 틀었어. 이 당시에도 여자들은 치마를 입었지. 옷은 천이나 가죽으로 만들었는데, 고조선 사람들은 특히 가죽옷을 아주 잘 만들어서 중국에까지 잘 알려졌대.

고조선에도 돈이 있었을까?

비파 모양 청동 검을 들고 줄을 맞춰 걸어 가는 군인들 옆으로 어린 여자아이가 보이니? 머리에 커다란 그릇을 이고 있는데, 조금 무거워 보이는 이 그릇을 잘 보렴. 달걀 같은 둥그런 몸통에

주둥이가 넓고 손잡이가 달린 것이 그 안에 뭐든 담을 수 있을 것 같지? 이 토기 이름은 **미송리식 토기**야. 평안북도 미송리에서 발견되었다고 이런 이름이 붙었지.

미송리식 토기를 인 여자아이가 어떤 아저씨를 만나 이야기를 하더니 토기를 아저씨에게 넘겨주는군. 대신 작은 쇠붙이 같은 것을 받아 들었어. 아니, 지금은 청동기 시대니까 아이가 받은 것은 쇠가 아니라 청동으로 만든 물건일 거야. 고조선 사람들이 철을 쓰기 시작한 것은 단군이 나라를 세우고도 한참 뒤의 일이거든. 그릇을 건네주고 받은 것이니 혹시 돈일지도 몰라. 고조선에도 돈이 있었냐고? 그럼! 앞서 본 세 번째 법에 '만일 노비가 되지 않으려면 많은 돈을 내야 한다.'는

비파 모양 청동 검

미송리식 토기

말이 있잖아. 국립중앙박물관의 고조선실에 가면 고조선에서 쓰이던 중국 돈인 **명도전**을 볼 수 있단다.

목숨도, 재산도 모두 소중해!

그런데 노비가 뭐냐고? 노비는 노예와 비슷한 말이야. 평생을 주인에게 복종하며 말이나 소처럼 일을 해야 했던 사람들이지. 도둑질을 했다고 노비로 삼는다는 것은 그만큼 재산이 중요하다는 뜻일 거야.

물론 그때에도 재산보다 더 소중한 것은 사람의 목숨이었어. 그러니 '사람을 죽인 사람은 사형에 처한다!'는 법이 제일 먼저 나왔겠지. '남을 다치게 한 사람은 곡식으로 갚아야 한다.'는 법을 통해서 고조선에서는 농사가 아주 중요했다는 것을 알 수 있어. 곡식이 마치 돈처럼 쓰였으니 말이야. 이러한 법들을 살펴보면 고조선이 매우 엄격한 사회였다는 것을 알 수 있어. 친구와 싸우거나 물건을 빼앗으면 선생님께 혼나는 학교처럼 말이야.

비파 모양 청동 검, 미송리식 토기와 함께 고조선을 대표하는 유물이 또 하나 있어. **탁자 모양 고인돌**이야. 고조선의 고인돌은 탁자 모양으로 생겼어. 위에 얹은 덮개돌 하나만 해도 수십 톤에 이르렀지. 1톤은 1000kg이니까 수십 톤이라면 사람들 수백 명과 맞먹는 무게야. 아마 단군 할아버지도 죽은 후에는 이런 고인돌에 묻혔을 거야. 그런데 탁자 모양이 아닌 고인돌도 있느냐고? 물론이지. 우리나라 남쪽에서 발견된 고인돌은 탁자가 아니라 네모난 바둑판 모양으로 생겼단다. **바둑판 모양 고인돌**은 얹는 덮개돌 부분이 아주 두꺼운 것이 특징이지. 크기도 고조선의 것보다는 훨씬 작지. 언뜻 봐서는 그냥 바위처럼 보이기도 해.

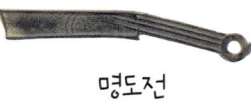
명도전

탁자 모양 고인돌

바둑판 모양 고인돌

나도 누워 볼까?

고조선 최후의 날

시간이 흐르면서 우리 역사 최초의 나라인 고조선은 점점 더 커졌어. 당시 중국에 있던 여러 나라 중 하나인 연나라와 견줄 정도로 말이야. 금속을 다루는 기술도 발달해 청동 대신 철을 이용해 물건을 만들기 시작했지. 철이 청동보다 훨씬 더 단단하거든. 철로 농기구를 만들게 되자 농사도 더욱 잘되었단다.

이렇게 고조선이 살기 좋은 나라가 되자, 중국의 한나라가 질투하기 시작했어. 당시 한나라는 중국에 있던 여러 나라를 통일한 나라였지. 당연히 고조선도 자기네 말을 고분고분 잘 들어야 한다고 생각했는데, 고조선은 언제나 당당하게 자기 생각을 주장했어. 거기다 한나라와 다른 나라와의 무역을 이어 주면서 짭짤하게 이익을 보았지. 결국 한나라는 말도 안 되는 트집을 잡고

한 고조선

큰 군사를 보내 고조선을 공격했단다. 그때 고조선을 다스리던 우거왕은 백성들과 하나가 되어 한나라의 공격을 막았어. 수만 명의 한나라 군사들이 개미 떼처럼 새까맣게 공격해 왔지만, 고조선 사람들이 굳게 지키고 있는 성을 뚫을 수는 없었지. 하지만 한나라의 공격이 계속되면서 고조선 사람들은 점점 힘이 빠졌고, 결국 고조선은 무너지고 말았어. 이것은 지금부터 2100여 년 전의 일이었어. 고조선이라는 나라는 사라졌지만 우리 땅에는 여러 나라들이 등장해 고조선의 뒤를 이었단다.

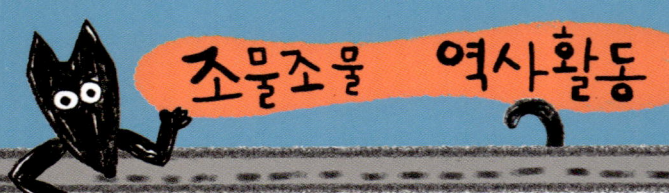

조물조물 역사활동

1. 고조선 법에 따라 바른 판결 줄 긋기

만약 여러분이 고조선의 재판관이라면 다음과 같은 범죄를 저지른 사람에게 어떠한 벌을 주어야 할까? 8조법에 따라 범죄와 알맞은 처벌을 서로 연결해 봐.

죄인 1
윗마을에 사는 개똥 아범은 동네 사람과 말다툼을 벌이던 중, 가지고 있던 돌도끼를 휘둘러 그 사람을 죽이고 말았다.

죄인 2
아랫마을의 돌쇠 어미는 냇가에서 빨래를 하던 중, 빨래방망이를 잘못 휘둘러 옆에 있던 꺽쇠 어미의 머리에 큰 상처를 입혔다.

죄인 3
앞마을의 새돌이는 뒷집에 사는 꽃님이에게 쌀을 꾸어 달라고 하였으나 거절당하자, 꽃님이가 집을 비운 틈을 타서 몰래 들어가 쌀을 훔쳤다.

판결

노비로 삼을 것

피해자에게 곡식 10가마를 줄 것

사형!

2. 고조선 낱말 따라 쓰기

고조선의 역사에서 배운 낱말들이 조금 어렵지? 아무래도 옛날에 쓰던 말들이 많아서 그래. 그러면 그 낱말의 뜻을 보면서 따라 써 볼까? 아무리 어려운 단어도 쓰고 나면 익숙해질 거야.

8조법 — 고조선의 여덟 가지 법. 아쉽게도 지금은 그중 세 가지만 전해지고 있다.

단군왕검 — 고조선을 세운 단군 할아버지의 정확한 이름. 단군은 제사장, 왕검은 정치 지배자를 뜻한다.

홍익인간 — '널리 인간을 이롭게 한다'는 뜻으로, 환웅이 땅에 내려온 이유이기도 하다.

비파무양청동검 — 중국의 악기인 비파를 닮은 고조선의 청동 검.

미송리식 토기 — 주둥이가 넓적하고 손잡이가 달린 고조선 토기. 평안북도 미송리에서 발견되어 이런 이름이 붙었다.

탁자무양고인돌 — 탁자 모양으로 생긴 고인돌. 고조선의 고인돌이 바로 탁자 모양 고인돌이다.

조물조물 역사활동

3. 고조선 비파 모양 청동 검 점 따라 그리기

여기는 고조선의 대장간이야. 멋진 비파 모양 청동 검을 만들고 있군. 점선을 이어서 비파 모양 청동 검을 완성해 볼까?

4. 고조선 생활 속 다른 그림 찾기

다음은 고조선 사람들의 생활을 담은 그림이야. 양쪽의 그림에서 다른 곳은 어디일까? 힌트! 모두 다섯 곳이 달라!

6장
부여, 고구려,
옥저, 동예, 삼한

고조선을 이은 나라들

옥저

동예

고구려

불꽃놀이를 본 적이 있니? 땅에서 쏘아 올려진 커다란 불꽃 하나가 하늘에서 팡 터지면서 수많은 불꽃이 생겨나는 모양이 무척 아름답지. 고조선이 멸망한 이후의 우리 역사도 그랬어. 비록 최초의 국가인 고조선은 사라졌지만, 그 뒤를 이어 많은 나라들이 나타났거든. 부여와 고구려, 옥저, 동예, 삼한 등이 그 나라들이야. 앗, 나라들이 이렇게 한꺼번에 많이 나오니까 벌써부터 머리가 지끈거리기 시작한다고? 걱정하지 마. 하나하나 차근차근 설명해 줄 테니까.

이게 무슨 소리야?

고조선

우선 이 나라들의 공통점부터 살펴볼까? 모두 고조선의 뒤를 이었으니 당연히 서로 비슷한 점이 있었거든. 이 나라들은 모두 고조선처럼 농사를 지었고, 농사가 끝난 뒤에는 하늘에 제사를 지냈어. 제사가 끝낸 뒤에는 나라 사람들 모두가 모여 신나게 먹고 마시며 춤추고 노래하는 축제를 즐겼단다. 하지만 고조선의 문화를 이어받으면서도 저마다 독특한 개성을 꽃피웠어. 어떤 거냐고? 지금부터 한 나라씩 살펴보기로 하자.

고조선을 이은 맏형, 부여

부여는 고조선이 망하기 전에 생겨난 나라야. 고조선을 이은 나라들 중 맏형이라고 할 수 있지. 그 만큼 땅도 넓고 힘도 강했어. 그런데 부여라는 이름이 왠지 익숙하지 않니? 부여로 가족 여행을 가 본 적이 있다고? 그건 지금 우리가 이야기하고 있는 부여랑은 전혀 다른 곳이니까 헷갈리면 안 돼. 네가 가족 여행으로 가 본 부여는 대한민국 충청남도에 있는 도시 이름이고, 지금 이야기하고 있는 부여는 고조선의 북쪽 지역에 있었던 나라야. 고조선의 북쪽은 넓은 평야가 있어서 농사를 짓고, 가축을 키우기에 좋았어. 덕분에 부여는 아주 크고 힘도 센 나라가 되었단다.

부여에도 고조선처럼 법이 있었어. 사람을 죽인 자는 사형에 처하고, 그 가족들은 노비로 삼았어. 도둑질을 한 사람은 훔친 물건의 12배를 물어 줘야 했지. 고조선보다 더 엄격하지? 고조선의 8조법에서는 사람을 죽인 사람은 사형에 처할 뿐 그 가족을 노비로 삼는다는 말은 없었잖아. 그뿐만이 아냐. 부여에서는 왕이 죽으면 값비싼 물건과 함께 말이나 노비도 함께 묻었어. 죽은 이후에도 왕으로 대접받으며 살 수 있도록 말이야. 아무리 그래도 사람을 같이 묻다니, 이건 좀 너무하지? 그런데 당시에는 부여뿐 아니라 다른 나라에도 이런 풍습이 있었다는구나. 이런 제도를 '순장'이라고 해.

왕이 죽으면 노비를 함께 묻을 정도였으니, 왕의 힘이 아주 강했던 것일까? 꼭 그런 것만은 아냐. 흉년이 들면 왕이 책임을 지고 물러나기도 했다니까 말이야. 흉년이 든 것은 비가 안 온 탓인데 왜 왕에게 책임을 물었을까? 옛날 사람들은 왕이 하늘과 땅을 이어 주는 사람이라고 생각했어. 단군 신화에 나왔던 환웅을 하느님의 아들이라고 얘기하는 것만 봐도 알 수 있지.

부여의 뒤를 이은 고구려

부여의 남쪽에 자리 잡은 고구려는 부여에서 갈려 나온 나라야. 고구려를 세운 사람들이 부여 출신이었거든. 그래서인지 고구려에도 부여와 마찬가지로 도둑질을 하면 12배로 물어 줘야 하는 법이 있었어. 하지만 부여랑 다른 점도 있었단다. 우선 자연환경이 달랐어. 부여는 농사지을 땅이 넓었는데, 고구려의 땅은 대부분이 산이어서 제대로 농사를 지을 수가 없었어. 덕분에 고구려 사람들은 농사보다는 사냥에 더 열심이었어. 하지만 사냥만 가지고는 먹고 살기가 힘들었단다.

해결 방법은 남의 것을 빼앗는 것뿐이었어. 그건 나쁜 짓 아니냐고? 맞아. 하지만 전쟁을 하는 주된 이유가 바로 남의 것을 빼앗기 위해서거든. 지금도 나라 사이에 전쟁이 벌어지는 것은 이런 이유 때문인 경우가 많아. 고구려 사람들은 평소에 사냥을 많이 하다 보니 힘도 세지고 말도 잘 타고 싸움도 잘하게 되었지. 주변

의 나라들을 공격해서 식량을 빼앗아 오는 일도 잦았어. 고구려 사람들 중에는 빼앗은 곡식을 자기 창고에 가득히 쌓아 놓는 사람들도 있었대. 이렇게 싸움을 잘했던 고구려는 점점 나라의 힘을 키워 나갔어. 땅도 넓히고 말이야. 그래서 부여가 멸망한 이후에도 고구려는 계속 발전해서 우리 역사의 중심 국가가 되었단다.

그런데 고구려의 풍습 중에는 특이한 것이 있었어. 고구려 사람들은 결혼을 하면 신부 집의 뒤뜰에 조그만 집을 지어 놓고, 거기서 부부가 아이들을 낳아 한참을 기르고 산 후에야 시댁으로 돌아갔지. 여러분 중에도 어릴 때 부모님과 함께 외갓집에서 살았던 친구들이 있지? 이런 일이 고구려부터 있었다니 재미있네.

발전은 더뎠지만 살기 좋았던 옥저와 동예

고구려 아래에 있던 옥저와 동예는 동해 바닷가에 위치한 나라들이었어. 지금의 함경도와 강원도 동쪽이지. 바닷가에 있으니 물고기를 비롯한 각종 해산물이 풍부했겠지? 거기다 땅도 기름져서 곡식도 풍족했단다. 당연히 옥저와 동

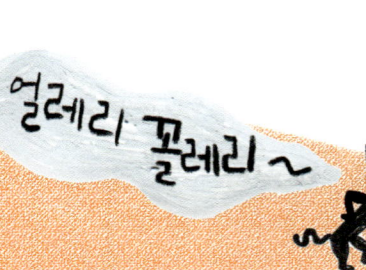

예 사람들은 먹고사는 데 별로 어려움이 없었지. 하지만 모든 게 넉넉해 평화로웠던 탓일까? 옥저와 동예는 부여나 고구려처럼 고대 국가로 발전하지 못했어. 멸망할 때까지 왕도 없었으니까.

왜 왕이 없는 것이 발전을 못 한 것이냐고? 아, 좋은 질문이야. 우리 역사에서 처음 생긴 나라인 고조선을 세운 단군 할아버지는 왕이었을까, 아니었을까? 단군은 왕이 아니었어. 왕보다는 부족을 대표하는 부족장에 가까웠지. 그러다 고조선이 세워지고 한참 세월이 흐른 뒤에야 왕이 생기게 돼. 그러니까 왕이란 나라가 커져 사회 구조가 복잡할 정도로 발전한 뒤에 생겨나는 거란다. 옥저와 동예는 왕이 아니라 부족장이 다스리는 수준의 나라였어.

고구려와 더 가까이 있던 옥저는 여러 면에서 고구려와 비슷했어. 먹는 음식, 사는 집, 옷이나 예절도 말이야. 하지만 결혼 풍습은 고구려와 정반대였단다. 고구려에서는 사위가 처갓집으로 들어가서 살았다고 했지? 옥저에서는 며느리가 시댁으로 들어가서 살았어. 그것도 아주 어렸을 때부터. 결혼을 약속한 어린 여자아이를 집으로 들여서 키운 후에 혼례를 올렸지. 어때? 여러분이 만약 옥저에서 태어났으면 지금 벌써 결혼할 사람이 정해졌을 수도 있었겠네?

수십 개 나라가 모인 삼한

동예의 아래쪽, 그러니까 지금의 경기도와 충청도, 전라도, 경상도에 이르는 넓은 지역에는 삼한이 생겼어. 부여나 고구려, 옥저, 동예는 각각 하나의 나라였지만, 삼한은 하나의 나라가 아니었어. 그 속에는 마한과 진한, 변한이라는 세 나라가 있었지. 이름이 '~한'으로 끝나는 나라가 셋이라서 삼한이라고 해. 그런데 마한과 진한, 변한은 다시 여러 개의 나라로 나뉘어 있어. 올망졸망한 나라들이 함께 모여 만든 연합 국가라고나 할까?

삼한 중에 가장 땅이 넓었던 마한에는 50개가 넘는 나라들이 있었어. 인구가 많은 나라는 수만 명, 적은 나라는 수천 명이었대. 땅도 제일 넓고, 사람도 제일 많은 마한은 삼한 중 가장 힘이 셌지. 변한과 진한은 각각 10여 개 남짓의 나라로 이루어졌어. 변한에서는 철이 많이 생산되어 주변 나라들에 수출하기도 했대.

삼한도 고구려처럼 시간이 지나면서 점점 나라의 모습으로 발전해 나갔어. 고만고만했던 나라들이 서로 먹고 먹히면서 사라지는 나라들이 생기고 제법 큰 나라들이 나타났지. 이중 마한 지역의 백제와 진한 지역의 신라가 고구려와 함께 '삼국 시대'를 열어 가게 된단다.

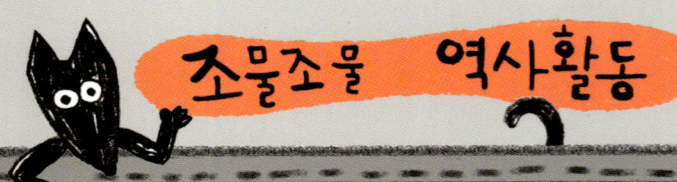

1. 고조선을 이은 나라 이름 써 넣기

아쉽게도 고조선은 한나라에게 멸망당했지만, 우리 땅에는 많은 나라들이 그 뒤를 이었어. 그런데 그 나라들은 어디쯤 있었던 것일까? 보기에 있는 나라 이름들을 지도 위 해당 지역에 써 넣어 봐.

보기 - 부여, 고구려, 옥저, 동예, 마한, 진한, 변한

2. 고조선을 이은 나라별 특징 찾기

고조선의 뒤를 이은 나라들은 비슷한 점도 있었지만 다른 것도 있었어. 나라와 그 특징을 바르게 연결해 볼까?

 고구려 바로 아래쪽 동해 바다에 붙어 있는 나라. 결혼을 약속한 어린 여자아이를 집으로 들여서 키우는 풍습이 있었다. • • 고구려

 부여 출신이 세운 나라. 농사보다 사냥에 힘쓰고, 결혼하면 신랑이 처갓집에서 한동안 살았다. • • 부여

 고조선을 이은 나라 중 맏형. 물건을 훔치면 12배로 물어주고, 왕이 죽으면 노비를 함께 묻기도 했다. • • 옥저

 삼한 위쪽 동해 바다에 붙어 있는 나라. 다른 부족의 땅을 침범하면 노비나 소와 말로 보상해야 했다. • • 동예

삼한 중 하나. 50개가 넘는 작은 나라들이 모여서 이루었다. 이중 백제가 중심 국가로 발돋움한다. • • 마한

77

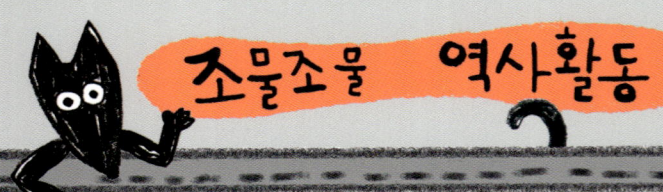

3. 고조선 소녀의 그림 일기 그리기

고조선 소녀 노아가 엄마 심부름을 하고는 그림 일기를 썼어. 내용에 맞는 그림을 그려넣어 볼까?

오늘은 엄마 심부름으로 이웃 마을 복길이네 아저씨한테 그릇을 갖다 드리고 대신 돈을 받아 왔다. 중국에서 쓰는 돈이라는데, 검처럼 생겼다. 여러 개를 받으니 그릇보다 훨씬 무거워서 집까지 오는 데 무척 힘이 들었다. 그래도 심부름을 하고 나니 엄마가 잘했다며 떡을 하나 주셔서 맛나게 먹었다. ♥

옳은 답을 찾아보세요

16쪽
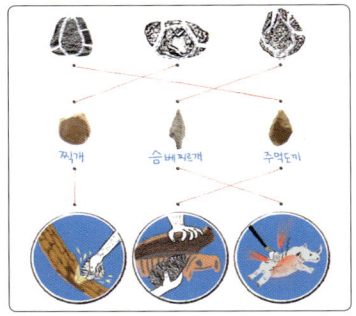

구석기 마을 숨은 그림 찾기
깡통 주스, 핸드백, 똥, 모자

29쪽

신석기 마을 숨은 그림 찾기
애벌레, 새앙쥐, 연필, 치마, 왕관

40쪽

청동기 마을 숨은 그림 찾기
컵, 바나나, 무당벌레, 연필

52쪽

53쪽

54쪽

55쪽

단	군	신	화			
			장	화	홍	련
	창	고			익	
					인	
				간		구
자			나			름
연			무			
보			늬			
호	랑	이	보			

64쪽

67쪽

76쪽
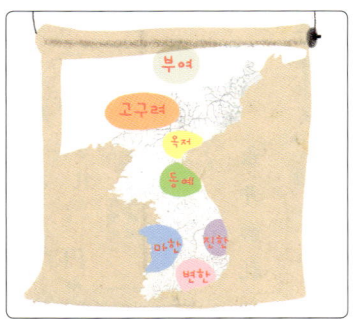

77쪽
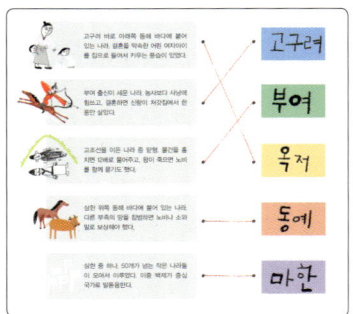